BEI GRIN MACHT SICH IHR WISSEN BEZAHLT

Trainingsplanung Kraftausdauer zur Blutdrucksenkung, Gewichtsreduktion und Kraftsteigerung

Mona Sendelbach

Bibliografische Information der Deutschen Nationalbibliothek:

Die Deutsche Nationalbibliothek verzeichnet diese Publikation in der Deutschen Nationalbibliografie; detaillierte bibliografische Daten sind im Internet über http://dnb.d-nb.de abrufbar.

ISBN: 9783346969743
Dieses Buch ist auch als E-Book erhältlich.

© GRIN Publishing GmbH
Trappentreustraße 1
80339 München

Druck und Bindung: Books on Demand GmbH, Norderstedt Germany
Gedruckt auf säurefreiem Papier aus verantwortungsvollen Quellen

Das vorliegende Werk wurde sorgfältig erarbeitet. Dennoch übernehmen Autoren und Verlag für die Richtigkeit von Angaben, Hinweisen, Links und Ratschlägen sowie eventuelle Druckfehler keine Haftung.

Das Buch bei GRIN: https://www.grin.com/document/1417950

Deutsche Hochschule für
Prävention und Gesundheitsmanagement
Hermann Neuberger Sportschule 3
66123 Saarbrücken

Einsendeaufgabe

Fachmodul:	Trainingslehre I
Studiengang:	BA Gesundheitsmanagement
Datum Präsenzphase:	13.06.2016-16.06.2016
Name, Vorname:	Sendelbach, Mona
Studienort:	Saarbrücken
Semester:	WS 2015

Inhaltsverzeichnis

1 Diagnose

Die im Folgenden beschriebenen Daten beziehen sich auf einen Trainingsbeginner. Herr Mustermann hat sich vor sechs Wochen im Fitnessstudio angemeldet, bemerkt bisher aber noch keine positiven Effekte durch das Krafttraining, was er ab und zu dort betreibt. In seiner Vergangenheit war er sportlich nie richtig aktiv. Beruflich übt er abwechselnd eine gehende und fahrende Tätigkeit aus, wodurch er oft in Stress gerät. Da er in einer Großstadt tätig ist bleibt es nicht auszusetzen, dass er häufig mehrere Stockwerke hoch muss und zusätzlich auch mal schwerer Lasten heben muss. Seine Arbeitszeiten ermöglichen ihm an zwei Wochentagen zu trainieren. Gesundheitliche Beschwerden hatte bisher noch keine.

1.1 Allgemeine und biometrische Daten

1.1.1 Allgemeine Daten

Tab. 1: Allgemeine Personendaten (eigene Darstellung)

Geschlecht	männlich
Alter	34 Jahre
Körpergröße	178cm
Körpergewicht	86kg
Beruf	Postbote
Aktuelle sportliche Tätigkeiten	Seit 6 Woche unsystematisches Krafttraining im Fitnessstudio
Frühere sportliche Tätigkeiten	keine
Trainingsmotive	Gewichtsreduktion, mehr Kraft und Fitness im Beruf
Zeitlicher Verfügungsrahmen	2 x pro Woche für eine Stunde
Gesundheitszustand	Keine orthopädischen und internistischen Probleme, keine Einnahme von Medikamenten

1.1.2 Biometrische Daten

Tab. 2: Erfasste biometrische Personendaten (eigene Darstellung)

	Istwerte
Blutdruck	139mmHg systolisch/ 93mmHg diastolisch
Ruhepuls	78 Schläge pro Minute
BMI (Body-Mass-Index)	27,14

Tab. 3: Blutdruckklassifikationen (Eifler, 2015a; modifiziert nach Mancia et. al., 2013, S.1286)

	Blutdruck (Normwerte)
optimal	unter 120mmHg systolisch/ unter 80mmHg diastolisch
normal	unter 130mmHg systolisch/ unter 85mmHg diastolisch
hochnormal	130-139mmHg systolisch/ 85-89mmHg diastolisch
	Bluthochdruck (Hypertonie)
Stufe 1	140-159mmHg systolisch/ 90-99mmHg diastolisch

Tab. 4: Darstellung des normalen Ruhepuls (Eifler, 2015a, S.179)

	Normwerte
Ruhepuls	60-80 Schläge pro Minute

Tab. 5: Normwerte Body-Mass-Index (Knoll, Scholz, Rickmann, 2013, S.74-75)

	Normalbereich (normales Gewicht)
BMI (Body-Mass-Index)	18,5-24,9

1.1.3 Bewertung der biometrischen Daten

Der Blutdruck von Herr Mustermann befindet sich außerhalb des Normbereichs und lässt sich aufgrund des diastolischen Blutdruckwertes von 93mmHg in die Hypertonie Stufe 1 einteilen (Eifler, 2015a, S.273). Da bei Herr Mustermann jedoch keine weiteren gesundheitlichen Einschränkungen vorliegen, kann er trotzdem gleichermaßen belastet werden wie ein gesunder Erwachsener. Im Gesundheitssport haben Studien den Anstieg des Blutdrucks durch Krafttraining keinesfalls bestätigt. Im Gegenteil soll es im Zusammenhang mit einer Gewichtsreduktion durch regelmäßiges Krafttraining zur positiven Beeinflussung des Blutdrucks kommen (Eifler, 2015b, S.267). Die Notwendigkeit einer Gewichtsreduktion bestätigt der BMI von Herr Mustermann. Mit einem Wert von 27,14 (BMI = Körpergewicht in kg/ Körpergröße in m * Körpergröße in m) hat er deutlich zu viel Gewicht, da die Einstufung für Übergewicht in einem BMI-Bereich von 25 bis 29,9 liegt (Knoll, Scholz, Rickmann, 2013, S.74-75). Positiv zu bewerten, lässt sich jedoch der Ruhepuls da er mit 78 Schlägen pro Minuten im Normbereich liegt und somit als unbedenklich betrachtet werden kann (Eifler, 2015a, S.179).

1.2 Krafttestung

1.2.1 Auswahl des Testverfahrens

Aufgrund der erhobenen Diagnosedaten lässt sich der Maximalkrafttest (1-RM-Test) für Herr Mustermann von vornherein ausschließen. Da er erst seit ein paar Wochen im Fitnessstudio aktiv ist, zählt er zu einem Trainingsbeginner. Deswegen wäre dieses Testverfahren eine viel zu hohe mechanische und psychische Belastung. Daher wurde für ihn der Mehrwiederholungskrafttest (X-RM-Test) ausgewählt. Dieser eignet sich auch im Hinblick auf die in der folgenden Trainingsplanung verwendete Individuelle-Leistungsbildmethode (ILB-Methode) sehr gut, da im X-RM-Test das Testgewicht für die Wiederholungszahl ermittelt wird, mit der Herr Mustermann später auch tatsächlich trainiert. Für die Wiederholungszahl im Krafttest wird X=20 festgelegt. Also wird Herr Mustermann auch in seinem ersten Mesozyklus die Übungen mit 20 Wiederholungen absolvieren und kann sich als Trainingseinsteiger durch den Mehrwiederholungskrafttest vorab schon mal auf diese Wiederholungszahl einstellen. Die 14-tägige Eingewöhnungsphase an das Krafttraining hat Herr Mustermann bereits hinter sich. Diese Phase ist wichtig um koordinative Einflüsse bei der Ermittlung des Testgewichtes auszuschließen (Eifler, 2015b, S.122).

1.2.2 Beschreibung des Testablaufes

Bevor der eigentliche Krafttest beginnt, führt Herr Mustermann zunächst ein allgemeines und anschließend ein spezielles Aufwärmprogramm durch. Bei dem allgemeinen Aufwärmen, wird durch den Einsatz großer Muskelgruppen das Herz-Kreislauf-System aktiviert und die Körpertemperatur erhöht. Dazu fährt Herr Mustermann 10min. auf dem Ergometer. Das spezielle Aufwärmen macht er in Form eines Aufwärmsatzes bei jeder Übung mit geringer Intensität, um die beteiligten Muskelgruppen und Gelenksstrukturen auf die die folgende Belastung des 20-RM vorzubereiten (Eifler, 2015b, S.50-51). Der eigentliche Mehrwiederholungskrafttest wird dann für die zuvor festgelegte Wiederholungszahl (X=20) durchgeführt. Für jede der folgenden Übungen wird nun in einem ersten Testsatz ein Testgewicht vorgegeben (deduktiver Ansatz), mit dem Herr Mustermann die 20 Wiederholungen absolvieren soll. Im nächsten Schritt erfolgt ein zweiter Testsatz, bei dem das Gewicht für ihn entweder um 5% oder um 10% erhöht wird. Schafft er die 20 Wiederholungen im zweiten Testsatz mit der prozentualen Gewichtssteigerung gerade so, steht das Ergebnis fest. Dieses Testgewicht wird dann als maximal zu bewältigendes Gewicht notiert und dient dann später in der Trainingsplanung bei der ILB-Methode als Berechnungsgrundlage für die entsprechende Trainingsintensität. Sollte Herr Mustermann die 20 Wiederholung jedoch auch im zweiten Testsatz relativ gut packen, wird er noch einen dritten und letzten Testsatz durchführen. Auch hier wird das Gewicht dann wieder prozentual gesteigert und das Endergebnis notiert. Zwischen den Testsätzen macht Herr Mustermann immer zwei bis drei Minuten Pause, damit sich die entsprechende Muskulatur ausreichend erholen kann.

1.2.3   Tabellarische Darstellung des Krafttests

Tab. 6: Mehrwiederholungskrafttest (20-RM) (eigene Darstellung)

Übungen	Wiederholungen	1.Testsatz	2.Testsatz	3.Testsatz	Ergebnis
Rückenstrecker Maschine	20	35kg	40kg	-	40kg
Rumpfflexion Maschine	20	30kg	35kg	-	35kg
Latzug vertikal zum Nacken (Obergriff)	20	25kg	30kg	35kg	35kg
Beinpresse horizontal sitzend	20	80kg	90kg	100kg	100kg
Armbeuge am Kabelzug mit Griffstange im Stehen	20	10kg	15kg	20kg	20kg
Butterfly Maschine	20	25kg	30kg	-	30kg
Rhomboflex	20	15kg	20kg	25kg	25kg

1.2.4   Schlussfolgerung der Krafttestung

Die Ergebnisse für Herr Mustermann liegen fest und können nun für die weitere Trainingssteuerung und Trainingsplanung genauer in Betracht gezogen werden. Leider lassen sich die Ergebnisse von Herr Mustermann nicht mit Normwerten einer Person mit den gleichen Voraussetzungen vergleichen, da aufgrund zu vieler interner und externer Einflussfaktoren (z B. Tagesverfassung, Temperatur, Trainingsalter) keine Referenzwerte für dieses Testverfahren existieren. Das heißt es besteht keine Möglichkeit des interindividuellen Leistungsvergleichs.

Zum intraindividuellen Leistungsvergleich können die erhobenen Werte jedoch in der weiteren Trainingsplanung dienen. Durch regelmäßige Re-Tests kann die individuelle Leistungsentwicklung von Herr Mustermann dokumentiert werden. Eine wichtige Voraussetzung ist dabei aber die exakte Standardisierung der Testrahmenbedingungen (z B. gleiche Kleidung, gleicher Trainer, gleiche Tageszeit, etc.), des Testablaufs (gleiche

Übungsreihenfolge inklusive des Aufwärmens) und der Trainingsmethode (ILB-Methode) (Eifler, 2015b, S.118).

Weiterhin sind die Ergebnisse sehr nützlich für die Trainingsplanung, da aus ihnen die Trainingsintensitäten für den ersten Mesozyklus abgleitet werden können. Wie zuvor beschrieben wird die Trainingsplanung für Herr Mustermann auf der ILB-Methode basieren. Das bedeutet er wird als Beginner in seinem ersten Mesozyklus mit einer Intensität im Bereich zwischen 50% und 70% trainieren (Eifler, 2015b, S.158). Dieser Intensitätsbereich wird mit Hilfe der Ergebnisse des 20-RM-Tests ermittelt. Dabei entspricht das Ergebnisgewicht 100% und dient somit als Berechnungsgrundlage. Für die Übung Rückenstrecker an der Maschine wäre das Trainingsgewicht dann beispielsweise 20kg bei einer Trainingsintensität von 50% in der ersten Woche des Mesozyklus. Das Ableiten der Trainingsintensitäten bezieht sich jedoch nur auf einen Mesozyklus. Für den nächsten Mesozyklus muss der Mehrwiederholungskrafttest mit der entsprechenden Wiederholungszahl immer wieder erneut durchgeführt werden (Eifler, 2015b, S.160-161).

2 Zielsetzung und Prognose

2.1 Trainingsziele

Tab. 7: Übersicht der Trainingszielen (Eifler, 2015b, S.42-43)

Inhalt	Ausmaß	Zeit
Blutdrucksenkung	10-15 mmHg systolisch, 5-10 mmHg diastolisch	12 Wochen
Gewichtsreduktion	-10kg	28 Wochen
Kraftsteigerung	15-20%	6 Wochen

2.2 Begründung der Ziele

Das erste Ziel ist die Blutdrucksenkung, da sich Herr Mustermann aufgrund seines erhöhten diastolischen Wertes in der Hypertonie Stufe 1 befindet. Im Zusammenhang mit seinem Übergewicht und seinem stressigen Beruf wird ansonsten bei weiterem Blutdruckanstieg die Entstehung einer koronaren Herzkrankheit begünstigt(Eifler, 2015b,

S.266). Daher ist diese Zielsetzung zunächst die wichtigste. Das Ausmaß sollte dabei eine Senkung des systolischen Wertes um 10-15mmHg und des diastolischen Wertes um 5-10mmHg in einem Zeitraum von 12 Wochen betragen (Eifler, 2015b, S.41). Da bei Herr Mustermann keine sonstigen gesundheitlichen Einschränkungen vorliegen, kann er problemlos ein Krafttraining durchführen. Dabei ist es jedoch wichtig, dass er regelmäßig sein Blutdruck misst, um mögliche Probleme rechtzeitig entgegenwirken zu können.

Das zweite Ziel ist die Gewichtsreduktion um 10kg innerhalb von 28 Wochen. Bezogen auf seine Trainingsmotive kann sich das durchaus positiv auf seinen Beruf als Postbote auswirken. Denn umso weniger Gewicht er mit sich rumtragen muss, desto leichter fällt ihm das Ausliefern in höhere Stockwerke und auch das ständige Ein-und Austeigen in das Postauto wird für ihn weniger problematisch. Außerdem trägt eine Gewichtsreduktion ebenfalls zur Senkung des Blutdrucks bei (Eifler, 2015b, S.267).

Das dritte Trainingsziel ist die Kraftsteigerung. Hier wird ein Kraftanstieg von 15-20% (Eifler, 2015b, S.43) innerhalb von sechs Wochen angestrebt. Dieses Ziel hat für ihn auch einen präventiven Charakter, da er als Postbote oft schwere Pakte aus dem Auto heben und ausliefern muss. Es würde ihm helfen wenn er dabei mehr Kraft hätte, um auch zukünftig das Risiko von Rückenbeschwerden zu vermeiden.

3   Trainingsplanung Makrozyklus

3.1 Darstellung des Makrozyklus

Tab. 8: Makrozyklus (eigene Darstellung)

	Mesozyklus I	Mesozyklus II	Mesozyklus III	Mesozyklus IV
Mesozyklusdauer	6 Wochen	8 Wochen	8 Wochen	6 Wochen
Trainingsziel	Kraftausdauer	Hypertrophie	Hypertrophie	Maximalkraft
Einheiten/ Woche	2	2	2	2
Organisationsform	GK/ Zirkel	GK/ Zirkel	GK/ Stationen	GK/ Stationen
Übungen pro Muskelgruppe	1-2	1-2	1-2	1-2
Sätze pro Übungen	1	1	2	2
Satzpausen	30sec.	60sec.	60sec.	90sec.
Wiederholungszahl	20	15	10	8
Intensität	50%-70% ILB	50%-70% ILB	50%-70% ILB	50%-70% ILB
Bewegungstempo	2 / 0 / 2	2 / 0 / 2	2 / 0 / 2	2 / 0 / 2

3.2 Auswahl der übergeordneten Trainingsmethode

Der oben dargestellte Makrozyklus umfasst einen Zeitraum von 28 Wochen und unterteilt sich in vier Mesozyklen, die individuell unterschiedliche Trainingsziele beinhalten. Basierend auf dem zuvor durchgeführten Mehrwiederholungskrafttest wurde als übergeordnete Trainingsmethode die „Individuelle Leistungsbild-Methode" (kurz: ILB-Methode) gewählt, die speziell für das Fitness- und Gesundheitstraining entwickelt wurde (Eifler, 2013, S.73). Vorteilhaft an dieser Methode ist, dass der Trainierende anhand seines Trainingsalters in unterschiedliche Leistungsstufen eingeordnet wird und darauf basierend die Trainingsplanung mit den entsprechenden Belastungsparametern und Trainingsintensitäten erstellt werden kann. Die Einordnung für Herr Mustermann erfolgt in die Stufe eines „Beginners", weil er bereits seit sechs Wochen Krafttraining in einem Fitnessstudio betreibt (Haupert, 2007, S.63). Die ILB-Methode eignet sich hinsichtlich seines Gesundheitszustandes sehr gut, da durch die Ableitung der Belastungsparameter mithilfe des Trainingsalters, die Gefahr einer Überlastung eher gering gehalten wird (Haupert, 2007, S.62). Bezüglich seines Bluthochdrucks sollte es nämlich auf keinen Fall zu einem Übertraining kommen. Da schon durch das anfängliche Kraftausdauertraining eine Blutdrucksenkung zu erwarten ist, können bei ihm die spezifischen Trainingsziele und Belastungsintensitäten nach jedem Mesozyklus problemlos an seinen aktuellen Leistungszustand angepasst werden. Sein Trainingsmotiv der Kraftsteigerung strebt er bei der ILB-Methode schon innerhalb eines Mesozyklus an, weil sie durch eine wöchentliche progressive Belastungssteigerung gekennzeichnet ist (Haupert, 2007, S.62).

3.3 Belastungsparameter

Für die Trainingshäufigkeit wurden zwei Einheiten pro Woche festgelegt. Dies entspricht auch dem zeitlichen Verfügungsrahmen von Herr Mustermann von zwei Stunden pro Woche an jeweils zwei unterschiedlichen Wochentagen. Idealerweise sollte er die Einheiten über die Woche verteilt, mit mindestens zwei Tagen Pause (z.B. Montag und Donnerstag) absolvieren. Nur so kann er ein optimales Belastungs- und Erholungsverhältnis erzielen, da eine vollständige Erholung der Muskulatur erst nach 48 Stunden eintritt (Zimmermann, 2002, S.205). Bezüglich der Leistungsvoraussetzungen von Herrn Mustermann reicht ein zweimal wöchentliches Training aus, um seine muskuläre Leistungsfähigkeit zu verbessern (Zimmermann, 2002, S.207). Auch unter Berücksichtigung der Hypertonie ist es empfehlenswert zwei bis drei Krafttrainingseinheiten in der

Woche durchzuführen. Ebenfalls sinnvoll ist es für ihn daher auch ein bis maximal zwei Übungen pro Muskelgruppe auszuwählen, um ihn nicht vorab schon durch eine zu hohe Übungsanzahl zu überlasten (Graves & Franklin, 2001, S.246-249). In den ersten beiden Mesozyklen führt er als Trainingsbeginner jeweils nur ein Satz pro Übung durch, was in seinem Fall einem Kreisdurchgang entspricht. Da er nach diesen zwei kontinuierlich durchgeführten Mesozyklen durchaus als „regelmäßig Trainierender" eingeordnet werden kann erhöht er im dritten und vierten Mesozyklus dann auf zwei Sätze pro Übungen an jeder Station (Zimmermann, 2002, S.204). Inklusive einem angepassten Auf- und Abwärmprogramm entspricht die Übungs- und Satzanzahl dann auch in etwa seiner zeitlichen Verfügung von einer Stunde pro Trainingseinheit.

Die Wiederholungszahlen wurden entsprechend des übergeordneten Trainingsziels anhand der Vorgaben der Individuellen-Leistungsbild-Methode ausgewählt. Im Gegensatz zu der von Meso- zu Mesozyklus sinkenden Wiederholungszahl bleibt die Intensität im ganzen Makrozyklus immer konstant. Die Belastungsintensität für Herrn Mustermann konnte aus dem Grobraster der ILB-Methode herausgelesen werden und beträgt für ihn als „Beginner" 50-70% des zuvor getesteten Mehrwiederholungsmaximums (Haupert, 2007; modifiziert nach Kempf & Strack, 2001, 40-41). Da die Intensität im ganzen Makrozyklus nie höher als 70% geht, bleibt eine muskuläre Ausbelastung eher aus, was für ihn als Hypertoniker auch zunächst nicht angestrebt werden sollte. Dennoch kommt es aber zur muskulären Anpassungserscheinungen im Zusammenhang mit einer Leistungssteigerung. Vor jedem neuen Mesozyklus wird nämlich der Mehrwiederholungskrafttest mit der entsprechend geringer Wiederholungszahl erneut durchgeführt. Durch die geringere Wiederholungszahl wird normalerweise ein höheres Mehrwiederholungsmaximum erreicht, was dann für den folgenden Mesozyklus als neue Berechnungsgrundlage dient (Haupert, 2007, S.65-66). Somit wird beispielsweise für die Übung „Beinpresse" im zweiten Mesozyklus (Ziel: „Hypertrophie") bei einer Intensität von 50% mehr Gewicht aufgelegt, als im ersten Mesozyklus (Ziel: „Kraftausdauer") bei der gleichen Intensität.

Aufgrund der Einordung der Belastung in den mittleren Trainingsintensitätsbereich wurden Pausenlängen zwischen 30 und 90 Sekunden ausgewählt (Güllich & Schmidtbleicher, 1999, S.223-234). Das Bewegungstempo ist mit der TUT von 2/0/2 eher langsam, da zu ruckartige Bewegungen schneller zu Verletzungen führen und eine optimale Kraftsteigerung eher durch langsame Übungsausführungen erreicht wird (Dietger, 2015, S.98).

3.4 Organisationsform

Als Organisationform wurde in allen vier Mesozyklen ein Ganzkörpertraining gewählt. Diese bietet sich für Herrn Mustermann als Trainingseinsteiger ideal an, weil es vor allem auch im gesundheitsorientierten Krafttraining eine viel verwendete Organisationsform darstellt. Ein Splittraining ist für ihn von vorn herein auszuschließen, da bei dieser Organisationsform unterschiedlich Muskelgruppen an mehreren Tagen trainiert werden und dieses Training somit nur Sinn macht, wenn man zum einen an mehr als drei Tagen die Woche trainiert und zum anderen schon mindestens ein Jahr lang Krafttraining betreibt (Gimbel, 2014, S.122).

Unter Berücksichtigung seines Gesundheitszustandes und seiner Leistungsvoraussetzungen wird in den ersten zwei Mesozyklen das Ganzkörpertraining in Form eines Kreistrainings stattfinden. Dieses erfolgt in Kreisform durch eine systematisch angeordnete Übungsreihe. Dabei wird bei jeder Übung nur ein Satz trainiert und die Übungsreihe ist so aufgebaut, dass nacheinander immer unterschiedliche Muskelgruppen beansprucht werden. Die Anzahl der Kreisdurchgänge hängt von dem Ziel und der Zeit des Trainierenden ab. Die systematische Anordnung ermöglicht es, die Pausenzeiten zwischen den Übungen relativ kurz zu halten und dadurch die Belastung des Organismus und vor allem des Herz-Kreislauf-Systems dauerhaft aufrecht zu erhalten (Zimmermann, 2002, S.192). Gerade bei Herrn Mustermann bietet sich das als vorteilhaft an, da hohe Blutdruckspitzen dadurch eher gering gehalten werden. Es ist davon auszugehen, dass sich sein Blutdruck auch im Hinblick auf seine Zielsetzungen bis zum dritten Mesozyklus normalisiert hat, deswegen kann er im dritten und vierten Mesozyklus ein Stationentraining durchführen. Dieses ist ähnlich wie das Zirkeltraining, nur das er an festgelegten Stationen trainiert und an einer Station die Übung mit den festgelegten Gewichten, Sätzen, Wiederholungszahlen und Pausen durchführt. Der Wechsel zur nächsten Station erfolgt dann, wenn alle Serien an dieser Station absolviert wurden. Im Gegensatz zum Kreistraining, zielt das Stationentraining direkt auf eine eigentliche Verbesserung der spezifischen Kraftentwicklungen ab (Kempf, 2014a, S.11). Somit eignet es sich gut, für die in der Trainingsplanung angestrebte Hypertrophie und anschließende Maximalkraft.

3.5 Periodisierung

Allgemein bezeichnet eine Periodisierung eine Veränderung von Trainingszielen, Inhalten, Methoden und Organisationsformen von Mesozyklus zu Mesozyklus. Das Ziel dieser phasenbezogenen Veränderungen ist es die höchste individuelle Leistung des Trainierenden zu erreichen (Güllich & Krüger, 2013, S.456). Im obigen Makrozyklus handelt es sich um eine lineare Periodisierung. Diese kennzeichnet sich durch die progressiv ansteigende Belastungsintensität, bei gleichzeitig sinkender Wiederholungszahl innerhalb des ganzen Makrozyklus (Eifler, 2013, S.57). Der erste Mesozyklus bildet mit dem übergeordneten Trainingsziel „Kraftausdauer" und der dementsprechend hohen Wiederholungszahl und geringer Intensität die erste Periode. Diese sechswöchige Kraftausdauerbelastung eignet sich vor allem für Anfänger für das korrekte Erlernen der Bewegungsausführung sehr gut und dient somit auch als Vorbereitungsphase für spätere intensivere Belastungen (Gimbel, 2014, S.118). Vor allem bei Einsteigern entwickelt sich in dieser ersten Periode schnell ein Kraftanstieg, der jedoch mehr auf neuromuskulären, als auf morphologische Anpassungseffekten beruht. Für eine morphologische Anpassung der Muskulatur (Hypertrophie) sind weitaus höhere Intensitäten erforderlich (Gimbel, 2014, S.119). Da die lineare Periodisierung auf einer progressiven Intensitätssteigerung basiert, wird Herr Mustermann dementsprechend schrittweise an höhere Intensitäten heran geführt. Deswegen erfolgt in der nächsten Periode eine Umstellung des Trainingsziels auf „Hypertrophie" (Muskelaufbautraining). Die Wiederholungszahl wird zwar reduziert, bleibt für ein Muskelaufbautraining aber noch relativ hoch, um die Kraftausdauerkomponente noch nicht ganz auszuschließen. Auch bezüglich seines Bluthochdrucks ist es sinnvoll ihn langsam an höhere Belastungen heranzuführen. Der zweite Mesozyklus kann somit auch als Übergangsperiode bzw. Übergangphase betrachtet werden. Im dritten Mesozyklus verfolgt er dann immer noch ein „Hypertrophietraining", reduziert aber nochmals die Wiederholungszahl, was automatisch zu einer Steigerung der Intensität führt. Während sich in den vorherigen Perioden vor allem die intermuskuläre Koordination verbessert hat, kommt es spätestens jetzt zu einer morphologischen Anpassung (Steigerung der intramuskulären Koordination und Vergrößerung des Muskelquerschnitts) in der Skelettmuskulatur (Friedmann, 2007, S.12). Im letzten Mesozyklus wird Herr Mustermann dann auf ein „Maximalkrafttraining" umsteigen, was im ganzen Makrozyklus die Spitze der Belastungsintensität darstellt.

4 Trainingsplanung Mesozyklus

Tab. 9: Übersicht Mesozyklus I, Kraftausdauer (eigene Darstellung)

	Mesozyklus I
Mesozyklusdauer	6 Wochen
Trainingsziel	Kraftausdauer
Einheiten/ Woche	2
Organisationsform	*GK/ Zirkel
Übungen/ Muskelgruppe	1-2
Sätze/ Übungen	1
Satzpausen	30 Sekunden
Wiederholungszahl	20
Intensität	50-70% ILB
Bewegungstempo	2/ 0/ 2

*GK=Ganzkörper

Tab. 10: Übersicht der Übungen und Intensitäten für den Mesouyklus I (eigene Darstellung)

Übungen	ILB-Ergebnis	Woche 1+ 2 50% ILB	Woche 3+4 60% ILB	Woche 5+6 70 %ILB
Rückenstrecker Maschine	40kg	20kg	24kg	28kg
Rumpfflexion Maschine	35kg	17,5kg	21kg	24,5kg
Latzug vertikal zum Nacken (Obergriff)	35kg	17,5kg	21kg	24,5kg
Beinpresse horizontal sitzend	100kg	50kg	60kg	70kg
Armbeuge mit Griffstange am Kabelzug im Stehen	20kg	10kg	12kg	14kg
Butterfly Maschine	30kg	15kg	18kg	21kg
Rhomboflex	25kg	12,5kg	15kg	17,5kg

4.1 Übergeordnete Übungsauswahl

Die im obigen Mesozyklus dargestellten Übungen wurden entsprechend der Gesund-
heits- und Leistungsvoraussetzungen von Herrn Mustermann ausgewählt. Sein Training
wird er zu Beginn ausschließlich an Krafttrainingsmaschinen durchführen. Gerade für
ihn als Trainingsbeginner eignen sich geführte Maschinen sehr gut, da durch die kon-

trollierte und geführte Bewegung die Gefahr von Fehlhaltungen und Verletzungen verringert wird (Gimbel, 2014, S.124). Ein weiterer Vorteil bietet die sehr genaue Belastungsdosierung. Denn vor allem bezüglich seines Bluthochdrucks, sollte er eine Steigerung der Intensität nur in kleinen Gewichtsabstufungen vornehmen. Unter Berücksichtigung seiner überwiegenden gehenden Tätigkeit, wird er als Ausgleich ein Großteil der Übungen im Sitzen ausführen. Um jedoch etwas Abwechslung in seine Trainingseinheit zu bringen, wurde ihm zwischenzeitlich eine stehende Übung eingebaut. Bei der Auswahl der Krafttrainingsmaschinen wurde darauf geachtet, dass er bei keiner Übung mit dem Kopf unterhalb seiner Herzhöhe gerät. Für ihn als Hypertoniker würde das grundsätzlich eine Gefahr im Krafttraining darstellen (Gravis & Franklin, 2001, S.246-249). Die Übungsreihenfolge gestaltet sich so, dass die Kräftigung der Rumpfmuskulatur an erster Stelle steht. Denn ein starker Rumpf stellt die Grundvoraussetzung für einen beschwerdefreien und aktiven Alltag dar (Gimbel, 2014, S.124). In der Gesamtbetrachtung dominiert die Anzahl der Rückenübungen, da er aufgrund seines Berufs vor allem hier eine Kraftsteigerung erzielen möchte. Unter Berücksichtigung der Gewichtsreduktion sollte er jedoch alle großen Hauptmuskelgruppen trainieren und hat deswegen jeweils noch eine Übung für die Beine, Brust und Arme eingebaut bekommen. Neben den eingelenkigen Übungen, die für ihn als Beginner koordinativ weniger Anspruchsvoll sind, wurden ihm auch mehrgelenkige Übungen hinzugefügt, da hauptsächlich diese eine Verbesserung der Beweglichkeit und vor allem der intermuskulären Koordination ansteuern (Hois & Ziegner, 2006, S.18-25).

4.2 Die einzelnen Übungen

4.2.1 Rückenstrecker Maschine

Diese Übung bietet sich als bessere Alternative zur Rückenstreckbank an, weil Herr Mustermann beim Vorbeugen nicht tiefer als die Herzebene kommt. Durch die geführte Maschine wird die autochthone Rückenmuskulatur (M. erector spinae) isoliert trainiert. Der M. erector spinae verläuft rechts und links längs entlang der Wirbelsäule und unterstützt somit die Streckung der Wirbelsäule und die Aufrichtung des Rumpfes. Durch regelmäßiges Training, wird er seine aufrechte Haltung im Alltag und Beruf durch die Übung verbessern (Güllich & Krüger, 2013, S.107).

4.2.2 Rumpfflexion Maschine

Bei dieser Übung werden die geraden, die inneren und äußeren schrägen und die quer-verlaufenden Bauchmuskeln trainiert. Diese Muskeln unterstützen die Bewegung des Rumpfes (Drehung, Beugung, Seitneigung) und dienen in kontrahiertem Zustand dem Schutz der darunter liegenden Organe (Güllich & Krüger, 2013, S.105). Die Übung eignet sich für ihn als Anfänger am besten, da er das Gewicht nicht gegen die Schwerkraft bewegen muss und somit die Halswirbelsäule nicht zusätzlich belastet wird.

4.2.3 Latzug vertikal zum Nacken

Hauptsächlich wird hier der M. latissimus dorsi gekräftigt. Durch die Bewegung im Schulter- und Ellenbogengelenk arbeiten hier auch noch Teile des Trapezmuskel, des Deltamuskel und die Armbeugemuskulatur mit. Für Herrn Mustermann wäre zu Beginn der Latzug zur Brust noch ungeeignet, da hier der Oberkörper richtig fixiert und stabil gehalten werden muss. Um die Gefahr einer Fehlhaltung zu vermeiden, beginnt er zu-nächst mit dem Zug zum Nacken. Durch die stabile Sitzposition mit fixiertem Oberkör-per ist die Übung für ihn als Anfänger gut geeignet. Ein weiterer Vorteil ist hier eine Druckentlastung der Wirbelsäule durch die Kraftübertragung der Fascia thoracolmubalis im Lendenbereich (Kempf, 2014b, S.333). Auch diese Übung wird ihn langfristig bei einer aufrechten Haltung unterstützen.

4.2.4 Beinpresse horizontal sitzend

Bei dieser Übung findet eine Bewegung im Knie- und Hüftgelenk statt. Hauptsächlich werden hier der vierköpfige Oberschenkelstrecker, der große Gesäßmuskel und der zweiköpfige Oberschenkelbeuger trainiert. Durch die geführte Bewegung und die gerin-ge Belastung der Wirbelsäule ist sie für Herrn Mustermann als Trainingsbeginner eben-falls geeignet. Die Kräftigung dieser Muskelgruppen ermöglicht ihm eine Stabilisierung sowohl im Knie- als auch im Hüftgelenk. Für ihn speziell ist die Kräftigung des großen Gesäßmuskels wichtig, da dieser durch seine Streck- und Stabilitätsfunktion eine uner-lässliche Funktion für das aufrechte gehen im Alltag besitzt (Güllich & Krüger, 2013, S.114).

4.2.5 Armbeugen am Kabelzug mit Griffstange

Bei dieser Übung handelt es sich um eine isolierte Übung der Armbeugemuskulatur. Dazu zählen der M. biceps brachi, M. brachialis und der M. coracobrachialis (Güllich & Krüger, 2013, S.109). Als Abwechslung zu den anderen Übungen führt er diese Übung im Stehen aus, da er hier nochmal zusätzlich seinen Rumpf stabilisieren muss. Ergänzend zu den Rückenkräftigungsübungen soll er auch durch diese Übung das Heben schwerer Pakete in seinem Beruf besser ausführen können.

4.2.6 Butterfly Maschine

Bei dieser isolierten Brustmuskelübung werden hauptsächlich der große Brustmuskel und der vordere Anteil des Deltamuskels trainiert. Die Kräftigung dieser Muskeln dient vor allem der Stabilisierung des Schultergelenks (Güllich & Krüger, 2013, S.105). Die Übung eignet sich für Herrn Mustermann im Gegensatz zu der klassischen Brustpresse besser. Denn während der Arbeit schaut er ständig nach unten auf Briefe und Adressen, um diese auszuliefern oder zu sortieren. Dadurch nimmt er automatische eine gebeugte Haltung ein. Um dieser Fehlhaltung entgegen zu wirken eignet sich der Butterfly sehr gut. Durch das Ausnutzen der vollen Bewegungsamplitude öffnet er beim nach hinten gehen seinen Brustkorb und geht durch die geführte Bewegung automatisch in eine aufrechte Haltung.

4.2.7 Rhomboflex

Hier wird schwerpunktmäßig der M.Rhomboideus trainiert. Auch hier kann er wieder präventiv der zuvor beschriebenen Fehlhaltung entgegen wirken, da er auch hier in die volle Aufrichtung der Brustwirbelsäule geht (Kempf, 2014b, S.334). Ebenfalls eignet sich auch diese Übung für ihn als Anfänger durch den geführten und somit gut kontrollierbaren Bewegungsablauf sehr gut.

5 Literaturrecherche „Krafttrainingseffekte"

Tab. 11: Übersicht der Studien zur Krafttrainingseffekten bei Rückenbeschwerden

	Studie 1	Studie 2
Titel	Effekte maschinengestützen Krafttrainings in der Behandlung chronischen Rückenschmerzes	Effekte muskelkräftigender Maßnahemn zur Wirbelsäulenprotektion
Autor der Studie	Stephan A., Goebel S. & Schmidtbleicher D	Dalichau S., Stein B., Schäfer K., Buhlmann J.J. & Menken P.
Jahr	2011	2005
Versuchspersonen	-Trainingsgruppe mit 58 und Kontrollgruppe mit 16 Teilnehmern -leiden überwiegend unter Rückenschmerzen mit Chronifizierungsstadium 1, mit moderatem Schmerzniveu -alle Teilnehmer litten in den letzten Monaten unter Schmerzen im unteren Rücken -Beeinträchtigung und Funktionseinschränkungen bei den Personen gering	-118 männliche Hafenarbeiter in mittlerem Alter 42+/- 7,9 Jahre, bei mittlerer Körpergröße 180+/- 6,31cm und durchschnittlichem Körpergewicht 89,4 */- 14kg -108 davon leiden manchmal bis täglich seid >/= zwei Jahren an chronisch respektive chronisch-rezidivierenden Schmerzen in der Lenden- oder Halswirbelsäule
Versuchsaufbau	-Interventionszeitraum betrug 6 Monate - sechs Mal monatlich führte die Teilnehmer der Trainingsgruppe ein halbstündiges maschinengestützes Krafttraining durch -Kontrollgruppe führte in diesem Zeitraum keine Trainingsmaßnahmen durch -Messung von Schmerz und Beeinträchtigung erfolgte mit Hilfe von Schmerzskalen: „Pain Severty" (PS), „Effects of Pain" (EP), numerische Ratingskala zur mittleren Schmerzintensität und dem „Ostwestry Disability Index" (ODI) -Zusätzlich Maximalkraftmessung der Lumbalextensoren -Datenerheben mit Hilfe der Skalen und Maximalkraftmessung erfolgte jeweils nach drei und nach sechs Monaten bei beiden Gruppen -Datenauswertung erfolgte über SPSS Statistics 17.0 -Effekte wurden mit der Effektstärke d und korrigierte Effektstärken dkorr ermittelt -Zur Beurteilung wurde der Nettoeffekt (Differenz von Interventionseffekt und Veränderungen in der Kontrollgruppe) ermittelt	-die Teilnehmer wurden je nach Rückenschmerzintensität auf drei Versuchsgruppen und eine Kontrollgruppe aufgeteilt, um eine bessere Vergleichbarkeit zu gewährleiten -Interventionszeitraum 6 Monate -Teilnehmer durchliefen spezifische Muskeltrainingsprogramme in den ersten drei Monaten drei Mal pro Woche und in den letzten drei einmal pro Woche zur Stabilisierung positiver Trainingseffekte -Eine Einheit dauerte 60-90min. - 24 Teilnehmer führten eine medizinische Trainingstherapie, 40 ein gerätegestütztes Krafttraining und 27 eine Wirbelsäulengymnastik durch, die restlichen 27 erhielten keine Interventionsmaßnahen -Effekte wurden durch Messverfahren zu Beginn und nach Abschluss des Interventionszeitraums erfasst : -> Erfassung der Rückenschmerzintensität durch Schmerzskala -> Erfassung von Funktionseinschränkungen anhand der Oswestry low Back Pain Disability (QLQ) ->isometrische Maximalkraftmessung im Rumpf, Rücken und der Brust mit „BackCheck"-Gerät (Dr.Wolf) ->Erfassung der Halteleistungsfähigkeit durch einen Armvorhaltetest mittels eines ultraschallgestützten Taststiftverfahrens
Ergebnisse	-nach sechs Monaten wies die mittlere Schmerzstärke mit einer Reduktion von 38% in der Trainingsgruppe und 26% in der Kontrollgruppe einen Nettoeffekt von dkorr = -0,34 durch das Krafttraining auf -die „Pain Severity" ergab keinen Nettoeffekt -Beeinträchtigungsreduktion zeigte sich am Ende überwiegend in der Trainingsgruppe mit Nettoeffekten von dkorr = - 0,46 (ODI) und 0,13 (EP) -gemessen an statistischen und klini-	- in der Kontrollgruppe waren die Schmerzen in der Wirbelsäule erhöht und die Funktionseinschränkung unverändert -bei den Teilnehmern in der medizinischen Trainingstherapie, bei denen des gerätegestützten Krafttrainings und den Personen in der Wirbelsäulengymnastik wurde sowohl bei den Rückenschmerzen, als auch bei der Funktionseinschränkung eine Reduktion festgestellt -in allen drei Versuchsgruppen verbesserte sich die isometrische Maximalkraft der

	schen Interpretationsrichtlinien führte das Krafttraining zu einer relevanten Schmerz- und Beeinträchtigungsreduktion	Rumpf- und Oberkörpermuskulatur -der Halteleistungsfähigkeitstest zeigte am Ende der 6 Monate eine Aufrichtung der Wirbelsäule und eine erhöhte Halteleistungsfähigkeit bei allen drei Versuchsgruppen -bei der Kontrollgruppe zeigte dieser Test negative Ergebnisse
Schlussfolgerung	-Ein sechs Mal monatliches Krafttraining ist eine effiziente Möglichkeit zur Senkung chronischer Rückenschmerzen und zur Reduktion des Beeinträchtigungserleben	Es gibt mehrere muskelkräftigende Maßnahmen, die Rückenbeschwerden und Funktionseinschränkungen reduzieren können. Am effizientesten ist jedoch das Gerätekrafttraining, da hier die gemessenen Effekte am größten ausgefallen sind.

6 Literaturverzeichnis

Dalichau, S., Stein, B., Schäfer, K., Buhlmann, J.J. & Menken, P. (2005). Effekte museklkräftigender Maßnahmen zur Wirbelsäulenprotektion. *Bewegungstherapie und Gesundheitssport, 21*, 6-12.

Dietger, M. (2015). *Fit von 1 bis Hundert* (3. Aufl.). Heidelberg: Springer.

Eifler, C. (2013). *Empirische Überprüfung der Effekte verschiedener Ansätze zur Intensitätssteuerung im fitnessorientierten Krafttraining.* Dissertation, Universität des Saarlandes. Saarbrücken.

Eifler, C. (2015a). *Studienbrief medizinische Grundlagen.* Saarbrücken: Deutsche Hochschule für Prävention und Gesundheitsmanagement.

Eifler, C. (2015b). *Studienbrief Trainingslehre I – Gesundheitsorientiertes Krafttraining.* Saarbrücken: Deutsche Hochschule für Prävention und Gesundheitsmanagement.

Friedmann, B. (2007). Neuere Entwicklung im Krafttraining. Muskuläre Anpassungsreaktionen bei verschiedenen Krafttrainingsmethoden. *Deutsche Zeitschrift für Sportmedizin, 58* (1), 12-18.

Graves, J.E. & Franklin, B. A. (2001). *Resistance training for health and rehabilitation.* Champaign, III: Human Kinetics.

Gülluch, A. & Schmidtbleicher, D. (1999). Struktur der Kraftfähigkeiten und ihrer Trainingsmethoden. *Deutsche Zeitschrift für Sportmedizin, 50* (7/8), 223-234.

Güllich, A. & Krüger, M. (2013). *Sport – Das Lehrbuch für das Sportstudium.* Berlin/ Heidelberg: Springer.

Haupert, M. (2007). *Zur Belastungsbestimmung im fitessorientierten Krafttraining.* Dissertation, Universität des Saarlandes: Saarbrücken.

Hois, G. & Ziegner, A. (2006). Grundlagen des mehrgelenkigen Trainings in Theorie und Praxis. *Bewegungstherapie und Gesundheitssport, 22*, 18-25.

Kempf, H.-D. & Strack, A. (2001). *Der Hantel-Krafttrainer.* Reinbek bei Hamburg: Rowohlt.

Kempf, H.-D. (2014b). *Die neue Rückenschule* (2. Aufl.). Berlin/ Heidelberg: Springer.

Kempf, H.-D. (2014a). *Funktionelles Training mit Hand- und Kleingeräten.* Berlin/ Heidelberg: Springer.

Knoll, N., Scholz, U. & Rickmann, N. (2013). *Einführung in die Gesundheitspsychologie* (3. Aufl.). München: Ernst Reinhardt.

Mancia, G., Fagard, R., Narkiewics, K., Redón, J. Zanchetti, A., Böhm, M. et al. (2013). 2013 ESH/ ESC Guidelines for the management of arterial hypertension. The task force fort he management of arterial hypertension oft he European Society of Hypertension (ESH) and the European Society of Cardiology (ESC). *Journal of Hypertension, 31 (7)*, 12821-1357.

Stephan, A., Goebel, S. & Schmidtbleicher D. (2011). Effekte maschinengestützen Krafttrainings in der Behandlung chronischen Rückenschmerzens. *Deutsche Zeitschrift für Sportmedizin, 62 (3)*, 69-74.

Zimmermann, K. (2002). *Gesundheitsorientiertes Muskelkrafttraining* (2. Aufl.). Schorndorf: Hofmann.

7 Tabellenverzeichnis